Université de France.

ACADÉMIE DE STRASBOURG.

ACTE PUBLIC
POUR LA LICENCE,

PRÉSENTÉ

A LA FACULTÉ DE DROIT DE STRASBOURG,

ET SOUTENU PUBLIQUEMENT

Le mercredi 26 *août* 1846, *à midi*,

PAR

H. ED. TRAUTMANN,

DE BRUMATH (BAS RHIN).

STRASBOURG,

IMPRIMERIE DE G. SILBERMANN, PLACE SAINT-THOMAS, 3.

1846.

A MON PÈRE ET A MA MÈRE.

H. E. TRAUTMANN.

FACULTÉ DE DROIT DE STRASBOURG.

NOMS DES PROFESSEURS.	MATIÈRES ENSEIGNÉES.
MM. RAUTER, Doyen	Procédure civile et législation criminelle.
BLŒCHEL	Code civil.
HEPP	Droit des gens.
HEIMBURGER	Droit romain.
THIERIET	Droit commercial.
AUBRY	Code civil.
SCHÜTZENBERGER	Droit administratif.
RAU	Code civil.

PROFESSEURS SUPPLÉANTS.

MM. ESCHBACH, professeur suppléant.
DESTRAIS, professeur suppléant.

M. POTHIER, secrétaire, agent comptable.

M. HEPP, président de l'acte.

Examinateurs { MM. HEPP, HEIMBURGER, THIERIET, } professeurs.
ESCHBACH, professeur suppléant.

La Faculté n'entend ni approuver ni désapprouver les opinions particulières au candidat.

DROIT CIVIL FRANÇAIS.

Du mariage en général et des obligations du mariage; des droits des époux et des secondes noces en particulier.

(Art. 203 - 228 du Code civil.)

CHAPITRE PREMIER.

DU MARIAGE EN GÉNÉRAL.

Parmi toutes les lois, celles relatives au mariage ont toujours occupé le premier rang dans le Droit civil, parce que cette société primitive est l'origine et le fondement de toutes les sociétés politiques. Elle reste ensuite le véritable principe de leur force par les liens de bienveillance et d'affection mutuelle qu'elle forme entre tous leurs membres. C'est le mariage qui donne des citoyens à l'État, des héritiers aux familles; il est le principe de la légitimité. On sent combien il était nécessaire de ne pas abandonner un acte d'une aussi haute importance à la licence des passions ou au caprice des parties contractantes; le législateur devait l'entourer de conditions et de formes qui garantissent sa certitude, sa stabilité et ses conséquences. D'autre part, tous les peuples ont fait intervenir la bénédiction du ciel dans un contrat qui doit avoir une si grande influence sur le sort des époux; enfin l'Église a sanctifié le mariage, en l'élevant à la dignité de sacrement.

L'orateur du gouvernement, M. Portalis, a défini le mariage : « La société de l'homme et de la femme, qui s'unissent pour perpétuer leur espèce, pour s'aider, par des secours mutuels, à supporter le poids de la vie et pour partager leur commune destinée. » Nous ajouterons que c'est un contrat qui, dans l'intention et suivant le vœu des deux conjoints, doit être indissoluble, mais qui néanmoins peut être résolu dans les cas et pour les causes indiqués par la loi.

Sous l'ancien régime, les institutions civiles et religieuses étaient intimement liées. Lorsque la religion catholique eut acquis le privilége d'exclusion dans le royaume, ses doctrines furent reconnues et consacrées par la puissance publique : la législation de l'Église était devenue celle de l'État. On confondait entièrement le contrat civil et le sacrement; c'était le clergé qui statuait sur la validité ou l'invalidité du mariage, c'était lui qui prenait soin de constater les naissances, mariages et décès dans les registres des paroisses, sans doute dans le but de mieux garantir l'observation des lois canoniques. Toutefois nos rois avaient rendu des ordonnances; mais la plupart d'entre elles n'avaient guère fait que confirmer et sanctionner les préceptes de l'Église.

Les progrès de la civilisation devaient apporter sur cette matière importante de grandes modifications. Des magistrats instruits reconnaissaient que les institutions civiles et religieuses pouvaient et devaient être séparées; ils demandaient que l'état civil des hommes fût indépendant du culte qu'ils professaient. C'est alors qu'on rendit l'édit de 1787, qui autorisa les protestants à faire constater le mariage devant un officier de la justice civile; mais tout en séparant le contrat civil du sacrement à l'égard des non-catholiques, il laissa subsister les mariages des catholiques tels qu'ils étaient auparavant.

L'Assemblée constituante changea cet ordre de choses : elle proclama la liberté de conscience et de culte, et dès lors il a été possible de séculariser la législation. Elle déclara par sa constitution de 1791, tit. II, art. 7 : « que la loi ne considère le mariage que comme un contrat civil. » Elle ordonna en même temps qu'il serait établi pour tous les habitants, sans distinction, un mode unique de constatation de naissances, mariages et décès. L'Assemblée législative consacra le même principe par la loi du 20 septembre 1792, qui prescrivit le mode de constater l'état civil et institua des officiers publics à cet effet. Tout en développant ce principe, les lois postérieures, malheureusement trop empreintes de l'esprit de réaction qui anima l'époque contre les institutions anciennes, portèrent les atteintes les plus graves à la dignité et à la sainteté du mariage. C'est ainsi qu'elles assimilèrent le mariage à un contrat ordinaire de société, en ce qu'elles permirent à chacun des époux de demander sa dissolution suivant son bon plaisir.

Tel était l'état de la législation lorsque le Code civil fut discuté. Les législateurs résolurent de rester fidèles à la constitution de 1791. Chacun, au reste, est libre d'associer à son union les bénédictions religieuses dépendantes du culte qu'il exerce; mais les rites de cette espèce faisant partie du domaine de la conscience, sont du choix libre des contractants : la loi les protége tous sans en prescrire aucun. Toutefois les législateurs, en reconnaissant l'importance du mariage religieux, défendent, sous des peines sévères, aux ministres du culte de donner la bénédiction nuptiale à des personnes qui ne justifieraient point par des actes authentiques et réguliers de leur mariage devant l'officier civil (Code pén., art. 199 et 200).

Le Code, afin de donner la plus grande publicité à un acte qui intéresse tout le corps social, institue des formes et des solennités qui doivent précéder et accompagner la célébration. C'est ainsi qu'il prescrit les publications, la célébration devant l'officier public, dans la maison commune, l'admission du public à cette célébration, et la présence de quatre témoins. L'inobservation de l'une ou de l'autre de ces formalités tantôt entraîne la nullité du mariage, tantôt ne donne lieu qu'à des peines prononcées contre l'officier public ou contre les époux, et dont la gravité dépend de l'importance des formalités omises. Cependant, parmi ces formalités il en existe une qui, venant à défaillir, ferait considérer le mariage comme nul et non avenu : c'est la célébration solennelle de l'union.

D'après ce que nous venons de voir, il nous sera facile d'établir les conditions essentielles à l'existence du mariage. En premier lieu, les parties doivent avoir la capacité de contracter et être de sexe différent; une seconde condition sera leur consentement respectif de se prendre pour mari et femme; enfin, en troisième lieu, il faut la célébration solennelle de l'union. Cette dernière condition comprend la déclaration faite par les futurs devant l'officier de l'état civil de se prendre pour mari et femme; le prononcé fait par l'officier public au nom de la loi qu'ils sont unis par le mariage, et, enfin, la rédaction immédiate d'un acte contenant toutes les indications prescrites par l'art. 76 du Code civil et inscrit sur les registres de l'état civil.

CHAPITRE II.

DES DROITS ET DES DEVOIRS RESPECTIFS DES ÉPOUX.

SECTION I.

Des droits et devoirs communs aux deux époux.

Les époux se doivent mutuellement fidélité, secours, assistance (art. 212, C. civ.). Ces principes de législation sont aussi les préceptes de la religion et de la morale. La loi demande la fidélité au mari comme à la femme, mais elle traite et devait traiter l'infraction de l'épouse avec plus de sévérité: l'infidélité de la femme est beaucoup plus grave, d'abord en elle-même, parce que la nature de la femme demande plus de retenue, de modestie et de réserve, puis et surtout, elle peut introduire dans les familles des héritiers d'un sang étranger.

Les époux doivent se secourir dans les dangers; ils doivent contribuer chacun aux charges du ménage, l'un d'eux doit même les supporter entièrement, s'il ne reste rien à l'autre (art. 1448, C. civ.). Le devoir de s'assister emporte, pour chaque époux, l'obligation de consacrer ses soins, son travail et sa fortune aux besoins de son conjoint.

Les infirmités, les maladies, même contagieuses, les malheurs qui surviennent à l'un, loin d'autoriser l'autre à s'en séparer, appellent son secours.

SECTION II.

Des droits et devoirs particuliers à chacun des époux.

Dans toute société la prééminence doit être accordée à l'un des associés; dans l'union conjugale la nature donne le pouvoir à l'homme et enseigne l'obéissance à la femme; la loi ne devait pas contrarier cet ordre naturel, et elle l'a suivi; l'art. 213 porte: « Le mari doit protec« tion à sa femme, et la femme obéissance à son mari. »

Il résulte du principe posé par cet article que la femme est obligée d'habiter avec son mari, et de le suivre partout où il juge à propos de résider, et que le mari, de son côté, est obligé de recevoir sa femme et de lui fournir, suivant ses facultés, tout ce qui lui est nécessaire pour les besoins de la vie (art. 214, C. civ.). L'obligation de la femme de suivre son mari s'étend même au cas où il voudrait fixer sa résidence en pays étranger, si toutefois l'émigration n'était pas défendue par les lois politiques.

L'art. 214 a donné lieu à de graves difficultés: quels sont les moyens de contraindre la femme à remplir son obligation d'habiter avec son mari? La loi a gardé le silence à ce sujet. Dans la discussion au conseil d'État, il a été formellement reconnu que le mari a, dans ce cas, le droit de refuser des aliments à sa femme, mais quant aux autres moyens à employer, si celui-ci restait inefficace, on s'est borné à dire que « toutes ces difficultés devaient être abandonnées aux mœurs et aux circonstances. » A cet égard voici les principes généralement suivis par les tribunaux et les auteurs: Le mari est autorisé à dénier tout secours pécuniaire à sa femme, lorsqu'elle se refuse à l'accomplissement de cette obligation. Si ce moyen est insuffisant pour vaincre sa résistance, les tribunaux peuvent, en la condamnant à rentrer au domicile conjugal, permettre au mari de l'y contraindre, soit au moyen de la saisie de ses revenus, si la femme en touche elle-même tout ou partie, soit au moyen de l'emploi de la force publique *(manu militari)*. Les tribunaux sont même tenus d'ordonner cette dernière voie de contrainte, quand elle est requise à défaut d'autre moyen d'exécution, ou à raison de l'inefficacité de ceux qui ont été jusqu'alors employés (Zachariæ, t. III, p. 320). Cependant les tribunaux peuvent, selon les circonstances, en condamnant la femme à revenir au domicile conjugal, ordonner qu'elle n'y sera contrainte que lorsque le mari lui présentera un logement convenable, une habitation certaine et les moyens de satisfaire aux besoins de la vie.

Si c'est le mari qui refuse de recevoir sa femme, il peut et doit être condamné à lui payer une pension alimentaire, proportionnée à ses besoins et à ses propres facultés; la femme pourrait même recourir à l'emploi de la force publique pour se procurer l'entrée du logement occupé par le mari (Nîmes, 11 juin 1806, Dalloz, X, p. 120).

Du reste, le mari qui exige de sa femme le retour au domicile conjugal doit lui fournir les moyens de le rejoindre et lui payer les dépenses qu'elle aurait faites et qui n'excèdent ni ses besoins, ni sa fortune.

De ce que le mari doit protection à la femme, et la femme obéissance à son mari, il résulte encore la nécessité de l'autorisation pour la femme qui veut contracter ou ester en jugement, parce que l'autorisation est tout à la fois un acte de protection de la part du mari et de subordination de la part de la femme.

Les auteurs, soit anciens, soit modernes, sont loin d'être d'accord sur les motifs et l'objet de l'autorisation maritale; les uns ont cru qu'elle était déterminée par la faiblesse du sexe, quoique la loi laisse sans tutelle les filles et les veuves majeures; quelques autres ne lui ont trouvé de fondement que dans l'intérêt du mari. Mais d'autres lui ont assigné pour cause tant la puissance maritale que la garantie des intérêts individuels du mari et des intérêts matrimoniaux, dont ce dernier est le représentant; et c'est bien là le principe des dispositions du Code civil.

Avant le Code, l'autorisation maritale était une formalité essentielle pour rendre la femme habile à contracter; on distinguait l'autorisation du simple consentement. Il fallait donc une autorisation expresse et formelle et ce mot *autorisation* était sacramentel; sans lui l'acte était nul, *ipso jure;* ainsi il ne suffisait pas que le mari eût été présent à l'acte où sa femme était partie, qu'il l'eût signé, etc.; s'il n'était pas exprimé qu'il avait autorisé sa femme, le contrat ne formait aucun engagement. Tandis que sous l'empire du Code l'autorisation n'est exigée que comme manifestation du consentement qu'il donne aux affaires que la femme ne peut traiter à elle seule. La loi ne demande que l'expression de ce consentement, elle se contente même du concours du mari dans l'acte, c'est-à-dire qu'il suffit que le consentement soit tacite.

La nécessité de l'autorisation commence à partir de la célébration du mariage et ne cesse qu'après sa dissolution; elle est requise d'ailleurs quel que soit le régime sous lequel les époux se sont mariés.

Mais la règle de l'autorisation n'est pas toujours d'une rigueur absolue: elle a des modifications et même des exceptions. Si la séparation de corps ou une réserve de paraphernaux n'efface pas la dépendance de la femme, elle la rend moins grande, elle lui donne pour certains actes une pleine capacité, et notamment pour les actes d'administration. D'ailleurs, la puissance du mari n'étant qu'un pouvoir de protection, la justice peut accorder l'autorisation qu'il refuse sans de justes motifs ou que sa position l'empêche de donner.

§ 1. *Actes pour lesquels l'autorisation est nécessaire.*

L'autorisation maritale est nécessaire pour contracter, comme pour ester en justice dans toutes positions et dans toutes circonstances où la loi n'a pas établi d'exception.

a) S'agit-il de contracter? La femme ne peut donner, aliéner, hypothéquer, acquérir à titre gratuit ou onéreux, sans le concours du mari dans l'acte ou sans son consentement par écrit (C. civ., art. 217). Ainsi une femme mariée ne peut, sans y être autorisée, accepter un legs, une succession, une donation, ni y renoncer; elle ne peut constituer sur ses héritages ni servitudes, ni hypothèques, ni aliéner ses biens meubles et immeubles, ni effectuer, ni recevoir un paiement.

Du reste, il est évident que la femme n'a besoin d'autorisation que pour les actes qu'elle passe en son nom personnel. Lorsqu'elle agit comme fondée de pouvoir, soit du mari, soit de quelque autre personne, elle n'a pas besoin d'autorisation.

b) S'agit-il d'ester en jugement (*stare in judicio*)? Aux termes de l'art. 215, la femme ne peut ester en justice, sans l'autorisation de son mari, quand même elle serait marchande publique, ou non commune ou séparée de biens et même de corps (Cass., 6 mars 1827, Sir., XXVII, 1, 334). Cette règle s'applique tant aux instances qui ont été commencées antérieurement qu'à celles qui l'ont été après; cependant les premières sont soumises aux modifications résultant des art. 342, 344 du Code de procédure civile.

L'autorisation est nécessaire à la femme pour paraître au bureau de paix; elle l'est, quelle que soit sa partie adverse et qu'elle agisse en demandant ou en défendant; elle doit donc être autorisée même pour les demandes qu'elle peut avoir à former contre son mari: telles sont celles qui ont pour objet de poursuivre son interdiction, d'obtenir la séparation de biens ou celle de corps; mais dans ces occurrences, ce sera le président du tribunal qui donnera l'autorisation; si, au contraire, c'est le mari qui forme une demande contre sa femme, il l'autorise par cela même à procéder en justice pour se défendre.

Il n'est pas absolument nécessaire que l'autorisation précède l'action de la femme, du moins le défaut d'autorisation est réparable, et lorsqu'il vient à être opposé par la partie adverse, il ne produit qu'une exception dilatoire. D'un autre côté, elle ne peut pas, quand elle est dûment autorisée, renoncer, sans une autorisation contraire, à la demande qu'elle a portée en justice, car son désistement peut emporter aliénation de biens et de droits.

La femme demanderesse, en toute matière civile, commerciale, criminelle ou de police, doit donc, pour la validité de la procédure, être pourvue de l'autorisation de son mari, et au refus de ce dernier de l'accorder, elle doit demander celle de la justice. Lorsqu'elle est défenderesse, le demandeur qui assigne la femme mariée, doit en même temps assigner le mari pour l'autoriser à défendre à l'action dirigée contre elle, et si le mari refuse ou fait défaut, le tribunal, compétemment saisi de la demande, est également compétent pour suppléer l'autorisation maritale, fût-il même tribunal d'exception.

§ 2. *Des exceptions à la règle de l'autorisation.*

Quelque générale que soit la règle qui défend à la femme de contracter sans l'autorisation de son mari, néanmoins elle souffre des exceptions en assez grand nombre; les plus notables sont celles qui concernent: 1° la femme poursuivie en matière criminelle ou de police; 2° celle qui est mariée sous le régime dotal ou sous celui de séparation de biens; 3° celle qui est marchande publique. Nous allons d'abord examiner ces diverses exceptions.

1° L'autorisation du mari n'est pas nécessaire lorsque la femme est poursuivie en matière criminelle ou de police (C. civ., art. 216); mais il faut qu'il s'agisse bien d'une action criminelle dirigée contre la femme par le ministère public; il n'en est pas de même lorsque la femme se rend partie poursuivante ou même simplement partie civile, ou lorsqu'elle est directement poursuivie par la partie lésée en réparation du dommage causé par un délit, soit devant un tribunal civil, soit devant un tribunal de justice répressive. Toutefois, la dispense d'autorisation existerait également si l'action civile n'était intentée que conjointement et accessoirement à la poursuite du ministère public: *accessorium sequitur principale.*

2° La faveur due au commerce a fait admettre une exception à la règle de l'autorisation.

L'art. 220 du Code civil porte : « La femme, si elle est marchande « publique, peut, sans l'autorisation de son mari, s'obliger pour ce « qui concerne son négoce, et audit cas, elle oblige aussi son mari s'il « y a communauté entre eux. » Ainsi elle peut, en ce qui concerne son commerce, engager, hypothéquer et aliéner ses immeubles, à l'exception toutefois de ceux qui ont été constitués en dot sous le régime dotal. Mais l'autorisation lui sera toujours nécessaire pour ester en jugement, même dans les contestations relatives à son commerce (C. civ., art. 215). Néanmoins la femme marchande peut faire tous les actes conservatoires et introductifs d'instance relatifs à son commerce; il suffit qu'au moment de plaider son mari l'autorise ou l'assiste, ou qu'à son refus, le tribunal donne cette autorisation.

La femme n'est pas réputée marchande publique si elle ne fait que détailler les marchandises du commerce de son mari (art. 220, al. 2). Dans ce cas non-seulement son mari est obligé, mais encore il l'est seul; sa femme n'agit que comme mandataire.

La justice peut-elle, au refus du mari, ou quand il est absent ou incapable, autoriser la femme à faire le commerce? Il nous semble que lorsque le mari présent et capable refuse, la justice ne pourrait l'autoriser. Mais en cas d'incapacité ou d'absence du mari, nous pensons que les tribunaux pourraient autoriser selon les circonstances. Si, par exemple, le commerce est le seul moyen pour la faire vivre, elle et ses enfants, et avec eux peut-être le mari, si l'on voit que le mari présent et capable n'aurait pas de raison pour refuser son consentement, la justice pourrait donner une autorisation qui sera considérée comme une substitution à la volonté, présumée conforme du mari; mais alors la femme n'engage ni les biens du mari, ni même ceux de la communauté.

La femme doit être majeure pour que le simple aveu de son mari puisse lui faire acquérir la qualité de marchande publique. Si elle est mineure, elle ne peut faire le commerce ni être personnellement obligée pour les faits de ce commerce, si, outre le consentement de son mari majeur, elle n'a préalablement obtenu l'autorisation de son père ou de sa mère, ou, à défaut, du conseil de famille, par une délibération homologuée par le tribunal civil, et si l'acte d'autorisation n'a été enregistré et affiché au tribunal de commerce du lieu où la femme veut établir son domicile (Toulouse, 26 mai 1821, Sir., XXII, 2, 38).

Pour qu'une femme soit marchande publique, il faut qu'elle fasse un commerce *séparé*, mais il n'est pas nécessaire pour cela qu'elle tienne boutique ouverte; d'après l'art. 1 du Code de commerce il suffit qu'elle exerce des actes de commerce et qu'elle en fasse sa profession habituelle. Mais il faut remarquer que la femme, pour exercer valablement la profession de marchande publique, a besoin du concours de la volonté de son mari. Mais ce n'est pas précisément une autorisation que la loi exige, c'est un simple consentement (C. com., art. 4). Il a été formellement reconnu, lors de la discussion de cet article, que la loi en n'exigeant que le consentement, n'en soumettait la preuve à aucune forme, d'où il suit qu'il peut être tacite, et qu'il est tacite, par exemple, toutes les fois que la femme exerce notoirement le commerce au vu et au su de son mari, et sans opposition de sa part: *qui prohibere potest et non prohibet, consentire videtur*.

Le mari est toujours le maître de révoquer le consentement exprès ou tacite qu'il a donné à sa femme de faire le commerce. Elle cesse alors de plein droit d'avoir la capacité de s'obliger. Toutefois cette révocation peut être préjudiciable aux intérêts de la femme; elle peut même être injuste et contraire aux conventions sous la foi desquelles le mariage a eu lieu, comme si dès lors la femme exerçait déjà le commerce, et cette dernière pourrait en appeler à la justice, qui serait autorisée à rétracter une révocation arbitraire ou faite à contretemps.

Le mari est tenu des engagements commerciaux de sa femme, s'il y a communauté entre eux; comme le mari, chef de cette communauté, profite des bénéfices commerciaux de sa femme, il est juste qu'il soit tenu de ses engagements, et il en sera tenu non-seulement sur les biens de la communauté, mais encore sur ses biens personnels. S'il n'y avait qu'une simple exclusion de communauté entre les époux, l'on devrait décider de même : le mari ayant le droit de percevoir tout le mobilier de sa femme dont le commerce fait partie, se trouve alors dans le cas de profiter de tout ou partie des profits de ce commerce. Lorsque la femme est séparée de biens ou que, mariée sous le régime dotal, elle a des biens paraphernaux, les bénéfices de son commerce et les acquisitions qui en proviennent, n'appartiennent qu'à elle seule; son mari ne doit donc pas être obligé par ses engagements commerciaux. Du reste, dans le cas où le mari est obligé, il n'est pas soumis à la contrainte par corps, puisque, disait M. Tronchet au conseil d'État : « L'acte emportant « contrainte par corps n'y soumet que la personne qui le signe. »

L'engagement contracté par la femme commerçante, sans que la cause ait été énoncée dans l'acte, doit-il être réputé avoir été consenti pour fait de commerce? Est-ce à la femme qui demande l'annulation de son obligation de prouver qu'elle n'a pas eu lieu pour son commerce, ou est-ce au tiers qui a contracté avec la femme d'établir que l'acte concernait le négoce de la femme?

Pour répondre à ces questions, nous pensons qu'il faudra avoir égard aux circonstances de l'acte, à la forme suivant laquelle l'engagement a été contracté. Ainsi, si l'acte est dans une forme commerciale, comme un effet négociable, un compte courant, et souscrit envers un commerçant, il devra être réputé consenti pour le fait du commerce, jusqu'à la preuve de non-commercialité, qui doit dans ce cas être administrée par la femme. Si, au contraire, l'acte n'est pas souscrit par un commerçant, ou si, envers quelque personne qu'il soit souscrit, il n'est pas dans une forme commerciale, la présomption sera qu'il a une cause purement civile, et l'on devra décider contre le tiers et mettre à sa charge la preuve de la commercialité de l'acte. Du reste, le caractère de commercialité une fois prouvé, la validité de l'acte ne dépendra aucunement de l'emploi des fonds reçus par la femme: le tiers ne peut être tenu de suivre leur emploi, et la femme, valablement autorisée à faire le commerce, ne pourrait pas plus recourir à l'action en rescision pour un acte reconnu commercial, que pour tous les actes passés par des parties capables.

3° Lorsque la femme est séparée de biens, soit par contrat de mariage, soit judiciairement, elle peut, sans autorisation, faire tous les actes de simple administration relatifs à son patrimoine. Ainsi elle peut consentir tous baux, pourvu qu'ils n'excèdent pas neuf ans, recevoir les loyers et fermages, faire toutes dépenses d'exploitation et d'entretien; elle peut aliéner son mobilier, ou en disposer à tout autre titre onéreux, recevoir et par suite poursuivre le remboursement de ses créances ou capitaux, en donner valablement décharge et les céder par voie de transport. Mais cette exception ne va pas au delà des actes d'administration, et s'il faut soutenir des contestations en justice, même pour des revenus, on rentre dans la règle générale de l'art. 215, et l'autorisation spéciale devient nécessaire.

La stipulation ou réserve de paraphernaux donnent à la femme l'administration et la jouissance libre de ses biens (C. civ., art. 1576); il s'ensuit, qu'elle n'a pas non plus besoin de l'autorisation de son mari pour des actes qui rentrent dans cette administration.

Il faut observer que la capacité de la femme ne s'étend pas, sans autorisation, au delà des actes d'administration de ses revenus ou des actes d'aliénation de son mobilier; encore ces derniers ne peuvent-ils avoir pour objet que le mobilier existant; la femme ne pourrait donc, sans y être autorisée, engager indéfiniment son patrimoine, une pareille faculté laisserait sans garantie les intérêts de son mari et de ses enfants, ce qui serait évidemment contraire aux motifs sur lesquels repose la nécessité de l'autorisation maritale.

Il est évident que le pouvoir que la séparation de biens attribue à la femme lui appartient, qu'elle soit mineure ou qu'elle soit majeure. Car le mariage émancipe et le mineur émancipé est capable de tous les actes d'administration, sans être restituable contre ces actes dans le cas où le majeur ne le serait pas lui-même.

La règle de l'autorisation souffre encore exception dans plusieurs autres cas, sans autorisation :

1° La femme peut faire un testament et le révoquer (C. civ., art. 225 et 905);

2° Elle peut révoquer une donation entre-vifs faite par elle à son mari pendant le mariage (C. civ., art. 1096);

3° Elle a capacité également : 1° pour requérir l'inscription de ses créances (art. 2139, 2194 et 2195) ; 2° pour faire transcrire les donations qui lui sont faites (art. 940) ;

4° Elle peut présenter au président du tribunal la requête préalable à une demande en séparation de biens ou de corps.

Enfin on a toujours distingué certaines obligations auxquelles la femme mariée est tenue indépendamment du consentement de son mari. Telles sont :

1° Celles qui naissent d'un mandat; mais le mandat n'a d'action contre elle que d'après les règles établies au titre : *Du contrat de mariage et des droits respectifs des époux* (art. 1990) ; en sorte que si la femme gère mal l'affaire dont elle est chargée, ou dissipe le produit sans l'employer utilement, le mandant n'a d'action contre elle que jusqu'à concurrence de ce dont elle s'est enrichie par l'effet du mandat. D'un autre côté, la femme a une action contre le mandant à l'effet de répéter les déboursés qu'elle a été obligée de faire.

2° Les obligations et engagements qui se forment sans convention et qui résultent de l'autorité seule de la loi, ou qui prennent leur source soit dans le fait d'un tiers, soit dans un fait personnel à la femme, que n'a pu empêcher celui envers lequel elle est obligée. Ainsi la femme mariée se trouve, indépendamment de l'autorisation du mari, valablement engagée lorsqu'elle est chargée d'une tutelle et qu'elle est obligée de répondre soit du défaut de gestion, soit de la mauvaise administration de cette tutelle. Elle est encore soumise à toutes les obligations qu'impose le quasi-contrat de gestion d'affaires, lorsque ses affaires ont été utilement gérées par un tiers; si c'est la femme qui s'est immiscée, sans être autorisée, dans les affaires d'autrui, elle n'est pas tenue des obligations qui résultent du quasi-contrat *negotiorum gestorum;* mais elle pourrait être recherchée, le cas échéant, soit par l'action *de in rem verso,* soit par celle *ex delicto.* Enfin, elle est obligée par suite de ses délits ou de ses quasi-délits; les condamnations et amendes auxquelles de pareilles obligations pourront donner lieu, s'exécutent sur les biens personnels de la femme et sur sa part dans la communauté, si elles ont été prononcées pour un crime emportant mort civile; dans le cas contraire, elles ne peuvent frapper que la nue-propriété de ses biens personnels.

3° Les obligations pour lesquelles la femme a un mandat tacite de son mari. Ainsi lorsque le mari est absent, la femme a, de plein droit, tout pouvoir pour les actes de légère administration, tels que ceux de prendre soin de l'éducation de ses enfants, de recevoir les menues redevances, de faire faire les réparations urgentes; elle peut même, sans aucune autorisation, valablement s'obliger pour des sommes modiques, destinées à lui fournir des aliments. Hors le cas d'absence, il est encore plusieurs circonstances où la femme est réputée avoir mandat tacite de son mari pour agir, et où les actes qu'elle fait sont valables; si le mari était dans l'habitude d'approuver certains actes de sa femme, que même les femmes ne sont pas dans l'usage de faire sans le consentement de leur mari, cette habitude donnerait aux actes dont il s'agit une force suffisante; ainsi lorsque la femme est dans l'usage de signer les factures et les billets de son mari, les obligations qu'elle contracte engagent le mari, *propter bonam fidem,* elle l'oblige comme un commis oblige son marchand. A plus forte raison faut-il en dire autant, lorsqu'il s'agit d'actes relatifs à cette partie des affaires du ménage que l'usage abandonne à leurs soins; toutefois le mari ne serait point tenu des achats de la femme, s'il avait dénoncé aux marchands de ne rien donner à crédit à sa femme, ou si les dépenses étaient excessives, eu égard à la fortune des époux, à leur condition ou à leur manière de vivre.

§ 3. *De la forme de l'autorisation.*

Dans le paragraphe précédent nous avons vu qu'une autorisation générale et même tacite suffit à la femme pour l'administration domestique de sa maison, et pour qu'elle puisse faire le commerce comme marchande publique. La femme peut aussi obtenir, par une autorisation générale, la faculté d'administrer ses biens; mais il faut que cette autorisation soit expresse dans son contrat de mariage ou dans un acte postérieur; s'il s'agit d'aliéner ses immeubles ou de passer les autres actes indiqués par l'art. 217, la femme ne peut agir qu'en vertu d'une autorisation spécialement et expressément donnée par écrit pour chaque affaire différente : Toute autorisation générale d'aliéner ses immeubles, donnée à la femme, soit par contrat de mariage, soit depuis, est nulle (art. 1538).

Lorsque le mari est partie avec sa femme dans l'acte qu'elle passe, son concours suffit, et rend sans conséquence le défaut d'une mention d'autorisation.

Une autorisation ne cesse pas d'être spéciale, quoiqu'elle comprenne plusieurs affaires, si elles sont désignées; mais elle ne serait pas suffisamment spéciale, si elle n'était donnée que pour faire certains actes juridiques déterminés seulement par leur nature et sans désignation individuelle des objets auxquels ils doivent se rapporter.

La femme a également besoin d'une autorisation spéciale pour procéder en justice, en défendant ainsi qu'en demandant. Mais une autorisation implicite et virtuelle résulte nécessairement du fait du mari qui procède avec sa femme pour soutenir sa cause; il y a plus : quoique dans une instance une femme ait des intérêts distincts de ceux de son mari, elle est suffisamment autorisée à ester en jugement, par cela seul qu'elle procède ou qu'elle fait des actes conjointement avec lui (Cass., 10 juillet 1811, Sir., XI, 1, 344). Sans figurer au procès, le mari peut autoriser sa femme par un acte spécial, et l'autorisation alors a l'étendue et les bornes qui lui sont marquées par cet acte. Toutefois, elle ne doit pas être strictement renfermée dans ces limites; elle s'étend virtuellement aux antécédents et aux suites nécessaires de l'affaire pour laquelle elle a été accordée. Ainsi, une femme mariée, autorisée pour ester en justice, est par cela seul autorisée à comparaître au bureau de conciliation, et à faire exécuter le jugement rendu à son profit. Mais la femme simplement autorisée par son mari à former une demande, a besoin d'une nouvelle autorisation pour interjeter appel ou y défendre; à plus forte raison devra-t-on décider de même, si elle veut se pourvoir en cassation; mais elle n'aurait pas besoin d'une nouvelle autorisation pour former opposition à un jugement (Montpellier, 6 mars 1828, Sir., XXIX, 2, 18).

Du reste, l'autorisation peut être donnée par acte sous seing-privé comme par acte authentique, lors même qu'il s'agirait d'un acte qui ne peut être valablement fait qu'en la forme authentique, comme l'acceptation d'une donation. Néanmoins pour la sécurité des tiers, la forme authentique est préférable.

§ 4. *En quels cas et comment l'autorisation peut être suppléée par la justice.*

La puissance est donnée au mari pour qu'il protége sa femme, qu'il éclaire et qu'il dirige sa conduite et ses actions dans l'intérêt de leur union. Il peut donc lui refuser l'autorisation dont elle a besoin pour contracter ou pour plaider; mais si, par des refus injustes, il s'opposait à ce que sa femme intentât ou soutînt un procès que son intérêt ne peut laisser différer, la loi permet à cette dernière de chercher une protection auprès des magistrats pour rétablir les choses dans l'état légitime. A cet effet, la femme doit, après avoir fait une sommation à son mari, et sur le refus de ce dernier, présenter une requête au président du tribunal du domicile commun, qui rendra une ordonnance portant permission de citer le mari, à jour fixe, à la chambre du conseil, pour qu'il y explique les causes de son refus. Au jour indiqué, le mari entendu, ou faute par lui de se présenter, il sera rendu, sur les conclusions du ministère public, jugement qui statuera sur la demande de la femme (art. 861 et 862, C. pr. civ.).

D'autres circonstances peuvent encore exiger l'autorisation de la justice, soit pour contracter, soit pour ester en jugement.

Lorsque le mari est mineur, il ne peut autoriser sa femme (art. 224). Comment, en effet, pourrait-il habiliter un incapable, lorsque lui-même est incapable? Il est donc nécessaire que la justice supplée à l'incapacité du mineur, et décide pour lui de l'autorisation demandée; mais il nous semble qu'il serait convenable d'appeler le mari à la chambre du conseil, afin de pouvoir donner aux juges des renseignements et des explications qui peuvent être utiles. Toutefois, même en cas de minorité du mari, l'autorisation de la justice ne serait pas nécessaire pour les actes d'administration, ni dans tous les cas où le mineur émancipé n'a pas besoin lui-même de l'assistance d'un curateur. Lorsque le mari est majeur, il ne pourra autoriser sa femme mineure que dans les cas où un mineur émancipé peut agir avec l'assistance de son curateur. Si tous les deux époux sont mineurs, l'autorisation de la justice sera nécessaire pour tous les actes qui excèdent la capacité du mineur émancipé, même assisté, sans préjudice de celle du conseil de famille dans les cas où elle est requise.

Lorsque le mari est absent (art. 222), la femme doit demander l'autorisation du juge, suivant les règles tracées par l'art. 863 du Code de procédure civile: elle présentera requête au président du tribunal qui ordonnera la communication au ministère public et commettra un juge pour faire son rapport au jour indiqué. Il n'est pas besoin que l'absence soit déclarée ni même présumée; il suffit que le mari se trouve trop éloigné de son domicile pour donner son autorisation aussi promptement que le cas l'exige, sans que son existence soit incertaine; toutefois il a été jugé, quant à cette dernière hypothèse, que la femme ne peut se pourvoir aux fins d'autorisation judiciaire dans les formes indiquées par l'art. 863 du Code de procédure civile, mais qu'elle doit suivre les formes tracées par les art. 861 et 862 du même Code. L'autorisation doit être donnée en connaissance de cause (art. 222).

Lorsque le mari est interdit, le juge peut, en connaissance de cause, autoriser la femme (art. 222). Elle présentera requête comme dans le cas d'absence, mais elle devra y joindre le jugement d'interdiction (C. de pr. civ., art. 864). Il en sera de même si le mari est retenu dans une maison d'aliénés. Lorsqu'il est simplement pourvu d'un conseil judiciaire, il ne peut autoriser la femme quant aux actes qui rentrent dans la catégorie de ceux pour la validité desquels il doit être assisté de son conseil.

Lorsque le mari est frappé d'une condamnation emportant peine afflictive ou infamante, encore qu'elle n'ait été prononcée que par contumace, la femme, même majeure, ne peut, pendant la durée de la peine, ester en jugement, ni contracter, qu'après s'être fait autoriser par le juge, qui peut, en ce cas, donner l'autorisation sans que le mari ait été entendu ou appelé. M. Delvincourt pense que le mari incapable d'autoriser sa femme par suite de condamnation à une peine infamante, l'est non-seulement pendant la durée de la peine, mais encore tant que dure la dégradation civique, conséquence de cette peine, et qui ne cesse qu'à la mort du mari, sauf le cas fort rare de la réhabilitation. Mais nous croyons ne pas devoir nous ranger à cette opinion : la dégradation civique ne rendrait le mari inhabile à autoriser sa femme qu'autant que cette peine priverait le mari de la puissance maritale; or, cette déchéance ne résulte nullement de l'art. 34 du Code pénal, qui énumère les droits dont la privation découle de la dégradation civique, et ne parle pas des droits du mari sur la femme. Ce n'est donc que *pendant la durée de la peine* que le mari frappé d'une condamnation emportant peine infamante, est incapable d'autoriser sa femme. Tel est aussi l'avis de MM. Zachariæ, Aubry et Rau, t. III, p. 330, note 30, et de M. Duranton, t. II, § 507.

L'autorisation de la justice est nécessaire encore, ainsi que nous avons déjà eu l'occasion de le dire, lorsque la femme veut former contre son mari une demande en séparation, soit de corps, soit de biens. Mais c'est là le seul cas qui puisse empêcher ce dernier, à raison de sa position vis-à-vis de sa femme, de donner l'autorisation. Ainsi le mari autorisera valablement sa femme soit à s'obliger envers des tiers, même dans son intérêt personnel, soit à traiter avec lui-même des affaires dans lesquelles les deux époux figureraient seuls comme parties.

Enfin l'art. 1427 exige l'autorisation du juge lorsqu'il s'agit, pour la femme, de s'obliger pour tirer son mari de prison ou pour doter ses enfants lorsque le mari est absent; mais il faut remarquer que l'autorisation de la justice cesserait d'être nécessaire si le mari, quoiqu'étant en prison, pouvait néanmoins la donner lui-même (Cass., 8 novembre 1814, Sir., XV, 1, 113).

§ 5. *Des effets tant de l'autorisation que du défaut d'autorisation.*

L'effet de l'autorisation du mari et de l'autorisation supplétive du juge est de rendre la femme aussi capable de l'acte pour lequel elle est autorisée, qu'elle le serait si elle n'était pas engagée dans les liens du mariage; mais il n'en demeure pas moins soumis à toutes les règles concernant la rescision des contrats.

L'autorisation du mari et celle de la justice ont les mêmes effets pour l'épouse, et des effets différents par rapport à l'époux. Ainsi, les créanciers peuvent poursuivre le paiement des dettes que la femme a contractées avec le consentement du mari, tant sur les biens de la communauté que sur ceux du mari et de la femme, sauf la récompense due à la communauté ou l'indemnité due au mari (art. 1419), tandis que les actes faits par la femme sans le consentement du mari, et même avec l'autorisation de la justice, n'engagent point les biens de la communauté, si ce n'est lorsqu'elle contracte comme marchande publique et pour le fait de son commerce (art. 1426), ou pour tirer son mari de prison, ou pour l'établissement des enfants communs (art. 1427), et encore lorsqu'il s'agit d'obligations qui ont tourné au profit de la communauté; alors la communauté n'est tenue que jusqu'à concurrence de ce dont elle a profité, sauf au créancier à se pourvoir pour le surplus sur la nue-propriété des biens de la femme pendant la communauté, et sur tous ses biens après sa dissolution.

Lorsqu'une femme mariée succombe dans un procès qu'elle a été autorisée à soutenir, sur quels biens peut-on poursuivre le paiement des dépens? Il faut distinguer : si la femme n'a plaidé qu'avec le consentement de la justice, les poursuites ne peuvent être dirigées que contre la nue-propriété de ses biens personnels; si c'est le mari qui a donné l'autorisation, l'exécution pour les dépens peut avoir lieu sur les biens de la communauté, et même sur ceux du mari. Lorsque les époux sont mariés sous tout autre régime que sous celui de la communauté, les condamnations doivent généralement rester étrangères au mari.

Les actes faits par la femme sans l'autorisation de son mari ou de la justice sont nuls. Mais cette nullité n'est plus que relative : elle ne peut être opposée que par la femme, par le mari ou par leurs héritiers (art. 225); elle peut également être invoquée par leurs créanciers, car elle n'est pas exclusivement attachée à la personne, puisque le droit de la faire valoir passe aux héritiers. Mais elle ne pourrait être proposée ni par la caution de la femme, ni par le donateur. Quant aux personnes qui ont contracté avec la femme non autorisée, ou qui ont plaidé avec elle, elles ne peuvent invoquer la nullité; elles peuvent seulement refuser de répondre à l'action intentée par la femme, jusqu'à ce qu'elle ait été autorisée. C'est aux tiers, au reste, à prouver que l'autorisation a été valablement donnée; car le défaut d'autorisation constitue un fait négatif, et l'on ne peut exiger du mari ou de la femme qu'ils aient à établir cette absence d'autorisation (Paris, 2 janvier 1808, Sir., VII, 2, 791).

Le droit du mari n'est pas aussi étendu que celui de la femme; il doit avoir pour base et pour mesure un intérêt certain, tandis que l'intérêt de la femme est toujours présumé : elle est censée lésée par cela seul qu'elle n'a point eu d'autorisation. Aussi, lorsque le mariage est dissous par le décès de la femme, le mari n'ayant plus de puissance à faire respecter, il lui faut alors un intérêt pécuniaire personnel, pour qu'il puisse, en son nom, attaquer les actes que sa femme a consentis, et les jugements rendus contre elle sans autorisation : *point d'intérêt, point d'action.*

L'art. 225 donne aux héritiers du mari, comme à ceux de la femme, le droit de demander la nullité; mais pour la faire valoir, il faut que ceux du mari aient un intérêt : or ils l'auront rarement, puisque la femme n'a pu engager les biens de la communauté.

Lorsqu'une femme mariée avait contracté comme fille ou veuve, ou que, par suite de l'erreur commune, elle avait passé pour n'avoir jamais été mariée, ou pour ne plus l'être, la nullité résultant du défaut d'autorisation ne pourrait pas moins être proposée soit par le mari, soit par la femme; le tiers devait connaître la condition de celle avec laquelle il traitait : *Qui cum aliquo contrahit debet esse gnarus conditionis ejus quocum contrahit.* Cependant, s'il avait été absolument impossible au tiers de s'informer de l'état et de la condition de la femme, comme si un mariage a été tenu secret, les époux ne pourraient se prévaloir du défaut d'autorisation pour demander la nullité de l'engagement. Si la femme avait employé des manœuvres frauduleuses pour faire croire à son état de fille ou de veuve, la nullité pourrait néanmoins être invoquée soit par le mari, soit par la femme, à la charge par celle-ci de répondre du dommage causé par son délit.

La nullité des engagements contractés par la femme sans autorisation peut être couverte par la confirmation soit du mari, soit de la femme. La ratification peut être expresse ou tacite; elle est expresse lorsqu'elle réunit les conditions exigées par l'art. 1338, al. 1 ; elle est tacite, lorsque les deux époux exécutent volontairement l'obligation. Ainsi, le mari ne pourrait attaquer la vente d'une coupe de bois considérable faite par sa femme, après qu'il l'a exécutée.

La ratification donnée par le mari pendant le mariage, sans le concours de sa femme, rend-elle celle-ci non recevable à demander la nullité? Cette question est vivement controversée parmi les auteurs. Il nous semble qu'il faut répondre par l'affirmative. En effet, aujourd'hui que l'acte non autorisé n'est pas nul, mais seulement annulable, il subsiste tant qu'il n'est pas cassé; dès lors, quand le consentement du mari arrive, il tombe sur un acte réel, il rencontre le consentement non révoqué de la femme : il y a donc réunion des deux volontés des époux, et l'acte, par conséquent, réunit dès ce moment les conditions voulues pour sa validité, le vice est couvert. Telle est aussi l'opinion de MM. Zachariæ, Aubry et Rau et de Delvincourt. Si la ratification faite par le mari n'intervenait qu'après la dissolution du mariage, comme alors il n'y a plus de puissance maritale, elle rendrait bien l'acte inattaquable pour lui et ses ayant-cause, mais elle ne couvrirait point, par rapport à la femme et à ses ayans-cause, la nullité résultant du défaut d'autorisation.

Pendant le mariage, la femme doit être autorisée de son mari pour confirmer les actes passés par elle : la même incapacité qui les a rendus nuls l'empêche de les ratifier. Si c'est après la dissolution du mariage, la ratification émanée de la femme ne peut être opposée au mari ni à ses ayans-cause; il en serait de même si elle n'était donnée par la femme, pendant le mariage, qu'avec l'autorisation de la justice.

L'action en nullité des actes juridiques passés par la femme sans autorisation se prescrit, soit quant à la femme, soit quant au mari, par le laps de dix ans, à partir du jour de la dissolution du mariage (art. 1304). Il faut remarquer, toutefois, que le mari peut, après ce délai, les attaquer par exception, quand on les produit pour repousser la réclamation de ses droits, s'ils ne sont pas prescrits d'ailleurs : *Quæ temporalia ad agendum, perpetua ad excipiendum.*

Le délai de l'art. 1304 ne s'applique point aux jugements dans lesquels la femme a figuré sans autorisation ; ils doivent être attaqués soit par le mari, soit par la femme, par les voies ouvertes contre les jugements en général, et dans les délais de droit, sinon ils passent en force de chose jugée (Cass., 7 octobre 1812, Sir., XIII, 1, 82).

CHAPITRE III.

DES OBLIGATIONS RESPECTIVES QUI NAISSENT DU MARIAGE ENTRE LES PÈRE, MÈRE ET AUTRES ASCENDANTS, ET LES ENFANTS ET DESCENDANTS.

§ 1. *Quelles personnes se doivent des aliments?*

L'obligation des père et mère de nourrir leurs enfants est une des premières lois de la nature, que la loi civile sanctionne par une disposition spéciale. L'art. 203 porte : « Les époux contractent ensemble, « par le fait seul du mariage, l'obligation de nourrir, entretenir et éle- « ver leurs enfants. » Bien que cet article ne parle que des père et mère, l'obligation ne s'étend pas moins aux ascendants supérieurs ; néanmoins le droit des petits-enfants ne peut être exercé qu'après qu'ils se sont pourvus d'abord contre leurs père et mère, et que dans le cas d'incapacité de ces derniers. Du reste, il est évident que l'obligation des père et mère et autres ascendants de fournir des aliments à leur fils n'existe pas, lorsque ce dernier peut s'en procurer lui-même par sa position sociale, ou qu'il a des enfants en état de lui en fournir.

Le droit de demander des aliments est accordé aux enfants, quelle que soit d'ailleurs la cause de leur dénûment. Ainsi, les aliments seraient même dus à l'enfant qui aurait reçu une dot ou un établissement quelconque de ses parents, même s'il s'était marié sans le consentement de ses père et mère; toutefois il ne pourrait les réclamer, s'il s'était rendu coupable envers son père d'un fait qui le ferait déclarer indigne de lui succéder.

L'obligation des aliments est réciproque entre les ascendants et les descendants (art. 207). Ainsi les enfants doivent des aliments à leurs père et mère et autres ascendants qui sont dans le besoin (art. 205).

Ce n'est pas seulement aux enfants légitimes que sont dus les aliments, mais encore aux enfants naturels légalement reconnus. Mais l'obligation qui résulte de ce lien naturel ne s'étend pas au delà des père et mère. Réciproquement les enfants naturels sont tenus de l'obligation alimentaire, conjointement avec les descendants ou ascendants légitimes de ceux auxquels les aliments sont dus, dans la proportion suivant laquelle ils sont appelés à succéder à ces derniers d'après les dispositions de l'art. 757.

L'obligation réciproque de se fournir des aliments existe encore entre l'adoptant et l'adopté, mais non pas entre l'adopté et les ascendants de l'adoptant, ni entre l'adoptant et les descendants de l'adopté.

Les enfants incestueux et adultérins ont pareillement droit aux aliments.

L'enfant, même légitime, n'a point d'action contre ses père et mère pour en obtenir un établissement par mariage ou autrement (art. 204).

Lorsque les père et mère ont quelques biens, mais qui sont insuffisants pour les faire vivre, ils ne sont pas obligés d'en faire l'abandon à leurs enfants, en formant contre eux une demande en aliments. La décision contraire, admise dans l'ancienne jurisprudence, ne peut plus être invoquée aujourd'hui; cette cession de biens forcée serait évidemment contraire au respect et aux égards que les enfants doivent aux auteurs de leurs jours.

Mais lorsque les père et mère, débiteurs envers leurs enfants, sont poursuivis par ceux-ci en expropriation forcée, peuvent-ils demander qu'on leur laisse une portion de biens à titre d'aliments? Cette exception, qui avait lieu dans le Droit romain (*Inst. de act.*, § 38) et que les interprètes avaient nommée *beneficium competentiæ*, n'a jamais été admise en France, et ne doit pas l'être davantage aujourd'hui. C'est aux père et mère à former une demande alimentaire, s'ils n'ont plus d'autre ressource.

Suivant l'art. 206 les gendres et belles-filles doivent également et dans les mêmes circonstances des aliments à leurs beau-père et belle-mère et aux autres alliés dans la ligne ascendante. Cette obligation est réciproque (art. 207).

Il ne sera pas inutile de rappeler dans quel sens on doit entendre les dénominations de gendre et de belle-fille, de beau-père et de belle-mère : Le gendre, *gener*, est le mari de la fille, et la belle-fille, *nurus*, ou la bru, est la femme du fils; le beau-père, *socer*, est le père de l'épouse ou du mari, et la belle-mère, *socrus*, est la mère de l'épouse ou du mari. C'est entre ceux-là que l'obligation de se fournir des aliments existe. Ainsi je ne dois pas d'aliments au fils, *privigno*, ou à la fille, *privignæ*, que ma femme a eus d'un précédent mariage, et que la pauvreté de notre langue nous oblige d'appeler aussi beau-fils ou belle-fille; et réciproquement ces derniers ne doivent d'aliments à leur parâtre, *vitrico*, ni à leur marâtre, *novercæ*.

Toutefois, l'obligation imposée au gendre et à la belle-fille de fournir des aliments à leurs beau-père et belle-mère cesse dans deux cas: 1° Lorsque la belle-mère convole en secondes noces; elle passe alors dans une nouvelle famille qui doit la nourrir. Mais le gendre et la bru conservent envers elle le droit de lui demander des aliments. Quand c'est la bru qui convole à de secondes noces, les aliments cessent également de lui être dus par le père et la mère de son premier mari. Du reste, le convol de la mère à de secondes noces ne lui fait point perdre le droit d'exiger des aliments de ses enfants du premier lit. 2° Lorsque celui des époux qui produisait l'affinité et les enfants issus de son union avec l'autre époux, sont décédés (art. 206). L'effet de cette cause de cessation est absolu, toute obligation alimentaire naissant de l'alliance est éteinte.

§ 2. *Étendue de la dette alimentaire.*

On comprend sous le nom d'aliments toutes les choses nécessaires à la vie, telles que la nourriture, le vêtement, le logement. Ils ne sont dus qu'aux personnes qui se trouvent dans le besoin, quel que soit d'ailleurs leur âge. Ainsi c'est la nécessité, le besoin qui donnent naissance à cette obligation. Mais ce n'est pas à celui qui réclame les aliments à prouver qu'il est dans le besoin, ce serait lui imposer la preuve d'un fait négatif non susceptible de se transformer en affirmation d'un fait positif contraire; c'est donc au défendeur à prouver les moyens d'existence du demandeur.

L'obligation de fournir des aliments n'emporte pas celle de payer les dettes de celui auquel ils sont dus. Cette règle s'applique aux dettes mêmes qui auraient pour cause la nourriture et l'entretien fournis pas des tiers. Toutefois les tribunaux devront, dans ce cas, apprécier les circonstances et juger selon la bonne foi et l'équité. Ainsi, si le créancier de la dette alimentaire était, pendant un certain temps, dans l'impossibilité de poursuivre son débiteur, et s'il avait été obligé de contracter des dettes pour vivre, il pourrait, en demandant pour l'aveuir la prestation alimentaire, également faire condamner son débiteur à lui payer les arrérages pour le passé. La personne qui aurait, en pareil cas, fourni les aliments, pourrait même les répéter du débiteur de la dette alimentaire, soit comme cessionnaire du créancier, soit à défaut de cession, en vertu du quasi-contrat de gestion d'affaires (Zachariæ, III, p. 699).

L'art. 208 dispose que les aliments ne sont accordés que dans la proportion des besoins de celui qui les réclame, et de la fortune de celui qui les doit; il suit delà que lorsque celui qui les fournit ou celui qui les reçoit est replacé dans un état tel que l'un ne puisse plus en donner ou que l'autre n'en ait plus besoin, en tout ou en partie, la décharge ou réduction peut en être demandée (art. 209). Il faut ajouter à la conclusion de la loi cette autre conséquence, qui est aussi le résultat, en sens inverse, de son principe, que la pension alimentaire peut être augmentée dans la proportion de l'augmentation des besoins de celui qui la reçoit et des facultés de celui qui la donne, sans que, dans aucun cas, la demande du créancier puisse être repoussée par l'exception de transaction ou celle de la chose jugée.

§ 3. *Mode d'exécution de l'obligation alimentaire.*

Le Code reste muet sur l'ordre suivant lequel les différents parents et alliés devront être appelés à acquitter la dette alimentaire; il est évident cependant que la pensée du législateur ne peut pas être de la faire peser simultanément sur toutes les personnes qui y sont tenues. Mais quel sera cet ordre? D'abord, suivant la force des choses et l'esprit de la loi, les parents devront passer avant les alliés, car c'est à eux que le législateur donne les droits de successibilité de préférence aux seconds; il est donc juste que les premiers supportent les charges : *Ubi emolumentum, ibi onus esse debet.* Cela posé, quel ordre suivra-t-on pour les personnes de la première classe? Il nous semble qu'il faut prendre pour point de départ l'analogie et la corrélation de notre matière avec la délation et le partage des successions. *Ubi est successionis emolumentum, ibi et onus alimentorum esse debet.* Ainsi l'obligation alimentaire pèse : 1° Sur les enfants et avec eux les petits-enfants, dont le père serait décédé, comme représentant leur auteur; 2° sur les petits-enfants, et concurremment avec eux les arrière-petits-enfants à la représentation d'un petit-enfant décédé; 3° sur les père et mère, s'ils vivent tous deux; si l'un d'eux est mort, sur le survivant avec les aïeul et aïeule de l'autre ligne; si tous les deux sont décédés, sur les aïeuls et aïeules, et ainsi de suite. Enfin, à défaut de descendants ou d'ascendants, l'obligation pèsera sur la seconde classe, les alliés de ligne descendante et ascendante, auxquels on appliquera, par analogie, les mêmes règles, quoique entre eux le droit de successibilité n'existe plus.

L'obligation alimentaire n'est ni solidaire, ni indivisible, lorsque donc plusieurs personnes y sont simultanément soumises, chacune d'elles en sera tenue pour sa quote-part qui se détermine d'après l'analogie des règles sur le partage des successions.

Lorsque plusieurs personnes sont conjointement tenues de la dette alimentaire, et que l'une d'elles devient insolvable, les autres ne sont pas tenues du paiement de sa part contributoire. Mais celui auquel les aliments sont dus peut, en pareil cas, s'adresser aux tribunaux, pour faire de nouveau fixer, eu égard au nombre et à la qualité des débiteurs solvables, la quote-part dont chacun d'eux sera désormais tenu dans la dette alimentaire, et pour faire de nouveau déterminer, proportionnellement à ses besoins et aux ressources de ces débiteurs, la somme à payer à l'avenir par chacun d'eux.

La règle générale est que les aliments doivent consister en une pension annuelle en argent.

Cependant si la personne qui doit fournir les aliments, justifie qu'elle ne peut payer la pension alimentaire, le tribunal peut, en connaissance de cause, ordonner qu'elle recevra dans sa demeure, qu'elle nourrira et entretiendra celui auquel elle doit des aliments (art. 210). Si c'est le père et la mère qui offrent de recevoir l'enfant majeur auquel ils doivent des aliments, le juge devra particulièrement examiner si, dans ce cas, il n'y a pas lieu de dispenser du paiement d'une pension.

La mort de celui auquel les aliments sont dus éteint la créance alimentaire, laquelle ne peut jamais passer à ses héritiers ou légataires, parce qu'elle est rigoureusement attachée à la personne. Mais il n'en est pas de même de la dette, laquelle passe très-bien contre les héritiers ou légataires du débiteur, dès qu'elle a existé avant la mort de ce dernier. Il suit de là qu'il peut y avoir encore des personnes autres que celles indiquées plus haut (§ 1), qui peuvent être tenues de la dette alimentaire, non pas en leur propre et privé nom, mais en qualité d'héritiers de celles sur lesquelles elle pesait.

CHAPITRE III.

DE LA DISSOLUTION DU MARIAGE.

Le divorce ayant été aboli par la loi du 8 mai 1816, le mariage n'est dissous aujourd'hui que par la mort naturelle et par la condamnation devenue définitive de l'un des époux à une peine emportant mort civile (art. 227).

CHAPITRE IV.

DES SECONDES NOCES.

Les bonnes mœurs, l'honnêteté publique et la crainte de la confusion du sang (*partûs confusio seu turbatio sanguinis*) réclamaient un délai pour la femme entre la dissolution d'un mariage et la formation de nouveaux nœuds. Dans la législation romaine le délai était d'une année et on l'appelait l'*an de deuil*. Les auteurs du Code l'ont abrégé, l'art. 228 porte : « La femme ne peut contracter un nouveau mariage « qu'après dix mois révolus depuis la dissolution du mariage précé- « dent. »

Le mariage contracté au mépris des dispositions de l'art. 228 est-il entaché de nullité absolue? MM. Delvincourt et Proudhon enseignent l'affirmative. Nous ne pensons pas que cette opinion doive être suivie. Notre article a été rédigé en même temps que le chapitre Ier ; or il n'en est point parlé dans ce chapitre. Si l'infraction à la disposition de l'art. 228 constituait une nullité, la loi eût fixé un délai pour l'intenter; or elle se borne à prononcer une amende de 16 à 300 fr. (C. pén., art. 194), contre l'officier civil qui n'y a point eu égard. Elle n'inflige même aucune peine à la femme qui se remarierait pendant les dix mois; et quelle est celle que le législateur pouvait imposer? La nullité du mariage? « C'était trop, dit M. Locré (*Esp. du Cod. civ.*), pour la con- « travention à une simple précaution. » Nous conclurons de là que la défense de notre article ne constitue qu'un empêchement prohibitif.

Malgré la sage défense faite à la femme de se marier avant dix mois révolus depuis la dissolution du mariage, il est souvent arrivé qu'une veuve n'ait pas attendu l'expiration de ce temps pour convoler en secondes noces. En pareil cas, est-ce à l'époux décédé ou à celui qui l'a remplacé qu'appartiendra l'enfant qui pourra naître dans l'intervalle du 180e jour, à compter du second mariage, au 300e jour, à partir du décès du premier mari? Différents systèmes se sont élevés sur cette question. Nous pensons que la décision la plus sage serait celle qui concorderait le mieux avec la vraisemblance des faits. Ainsi la présomption de paternité en faveur du second mari devrait l'emporter si, d'après les dépositions des hommes de l'art, la constitution physique de l'enfant paraissait telle qu'on ne dût pas faire remonter la conception à une époque antérieure au second mariage. La caducité, l'absence, la maladie du premier mari pourrait concourir à confirmer la paternité du second. La présomption contraire s'élèverait en faveur du premier époux, si la femme étant accouchée peu de temps après les cent quatre-vingts jours du second mariage, l'enfant était tellement constitué qu'au dire des gens de l'art on dût le juger parvenu aux termes des naissances les plus tardives. Toutes choses étant égales, l'enfant devrait appartenir au second mari, parce qu'il y aurait de plus pour se déterminer le fait de la naissance arrivée dans le second mariage. Telle est l'opinion de MM. Duranton, III, n° 63, et Proudhon, II, p. 37.

JUS ROMANUM.

De nuptiis generaliter, de obligationibus quæ ex iis nascuntur; præcipue de secundis nuptiis.

CAPUT PRIMUM.

DE NUPTIIS GENERALITER, PRÆCIPUE DE SECUNDIS NUPTIIS.

Nuptiæ seu matrimonium, satis concinne ab imperatore Justiniano definiuntur, scilicet, viri ac mulieris conjunctio, individuam vitæ consuetudinem continens (§ 1, Inst. de patria potest.). Cum hac definitione congruit fere illa quæ apud Modestinum reperitur, ut sint, conjunctio maris et feminæ, consortium omnis vitæ, divini et humani juris communicatio.

Individua ergo ista vitæ consuetuda duplicem finem respicit, unum generalem, mutuum adjutorium, seu mutuam utriusque conjugis felicitatem; alterum quidem specialem, sobolis humanæ procreationem ac educationem.

Solebant apud Romanos nuptias præcedere sponsalia (a spondendo sic dicta), quæ sunt mentio et repromissio futurarum nuptiarum. Ad constituenda sponsalia sufficiebat nudus consensus sponsi et sponsæ, dum sint septem annis majores possintque matrimonio conjungi, ac etiam requirebatur consensus parentum in quorum potestate erant. Ex hac mentione et repromissione non nascebatur juris vinculum ad nuptias contrahendas; sed si quis sponsus, vel sponsa, post datas et acceptas arrhas conjugum recusaret sine justa excusationis causa, compellebatur vir ea quæ arrharum nomine, sponsa vero novissimo jure in duplum aut in simplum id quod acceperat reddere (L. 5, C. de spons.)

Jure novo nullo alio modo contrahebatur matrimonium quam nudo consensu, sine ullo ritu solemni, et opus erat, ut esset perfectum, nec festivitate et celebritate nuptialis diei, nec deductione uxoris in domum mariti, nec concubinatu, nec instrumentis dotalibus, nec nuptialibus tabulis (L. 22, C. de nuptiis). Huic tamen juri posthæc quoddam temperamentum adhibitum fuit quoad nuptias eorum qui maximis dignitatibus decorati erant, et quarumdam personarum (Nov. 74, c. 4; Nov. 117, c. 4). Matrimonium erat contractus juris mere civilis et privati : cui non erat necesse intervenire societatem.

Ab initio aut saltem è antiquissimis temporibus matrimonii uxor in manum, id est, in potestatem mariti conveniebat. Fiebat hoc his tribus modis :

1° *Per confarreationem.* Erat ritus sanctissimus. A summo pontifice, decem præsentibus testibus celebrabatur. Farreus panis in sacrificium Jovi cum ove adhibebatur (Gaius I, § 112).

2° *Per coemptionem :* erat vera mancipatio, qua maritus per aes et libram uxorem in mancipium suum quasi emebat. Nummis adhibitis vir et uxor invicem sese interrogabant *an sibi mater, an paterfamilias esse vellent,* et dicebant *se velle* (Gaius I, § 113. Heinecc. Antiq. Rom., lib. 1, 10).

3° *Usu* denique uxor in manum mariti veniebat, si cum eo per anni spatium cohabitasset, nec trienoctio abfuisset ad impediendam usucapionem, tunc enim quasi usucapta in manu ac mancipio erat mariti.

Videamus briviter quæ sint requisita ut nuptiæ consistere possint :

1° *Consensus contrahentium.* Nuptiæ consistere non possunt nisi consentiant qui coeunt (L. 2, de rit. nupt.). Ea itaque omnia vitiant quoque contractum matrimonialem, quæ ob defectum liberi consensus aliis conventionibus obstant, ut furor, dementia, error, dolus, vis et metus.

2° *Consensus patris familiæ* in cujus potestate coeuntes sunt. Hinc et nepos neptisque, ut nuptias recte contrahebant, opus habent consensu avi, cujus potestati subsunt; ita quidem, ut nepos et patris consensum adhibere debeat, in cujus potestatem, mortuo ævo, est recasurus, ne ipsi invito suus hæres agnascatur; in nuptiis vero neptis, ubi dicta ratio cessat solius ævi consensus sufficiat (L. 16, § 1, D. de ritu nupt.).

3° *Pubertas.* Masculi puberes habentur, expleto anno ætatis XIV, feminæ viripotentes, superato anno XII.

4° *Civitas.* Hinc Romani inter nuptias vel connubium et inter matrimonium distinguebant. Nuptiæ inter solos cives romanos, matrimonium etiam cum civibus procedebat.

Non solum necesse est unumquemque contrahentium ad matrimonium individue aptum et idoneum esse, sed etiam inter se matrimonium contrahere posse. Unde consequitur a quarumdam nuptiis abstinendum esse, vel *a*) ob cognationis, adfinitatisve impedimentum, quod in multis casibus reperitur; *b*) ob honestatis aut utilitatis publicæ rationem, vel *c*) ob impedimentum matrimonii adhuc subsistentis. Jus enim romanum, interposita pœna infamiæ, polygamiam *simultaneam* defendit; permittit tamen polygamiam improprie nominatam *successivam*, quæ est matrimonium unius cum pluribns diverso tempore; eam jus civile vocat *secundas nuptias.* Atque ideò viduus, si sibi videtur, proxime ad secundas nuptias convolare potest; è vero contrario, leges viduam intra *annum luctus* nubere vetant; etiamque declarant infamem, si intra annum nubet (L. 1, C. de secund. nupt.). Vetant illud tum ob præcavendam turbationem sanguinis et partus confusionem, tum ad tuendam observantiam luctus, defuncto marito debiti; neque enim hæc res ad maritum pertinuit qui uxorem lugere non cogitur (L. 9, D. de his qui not. inf.).

CAPUT II.

DE OBLIGATIONIBUS QUÆ EX NUPTIIS NASCUNTUR.

Effectus matrimonii, secundum leges contracti, vel ipsos conjuges respiciunt, vel ipsorum bona, vel denique liberos ex hac conjunctione natos.

Videamus primum effectus :

I. *Quoad conjuges.* Ex justis nuptiis oriuntur jura vel communia utrique conjugi, vel alterutri propria. Jura communia ex fine matrimonii determinantur, vi cujus conjuges invicem ad fidem mutuam et perpetuam vitæ consuetudinem obligantur (L. 1, D. de ritu nupt.). Propria quoad maritum jura sunt : *a*) Potestas maritalis, cui ex parte uxoris respondet subjectio conveniens, qua tenetur marito non solum ad reverentiam, sed ad obsequium et operas præstandas. Hinc et uxor sequitur domicilium mariti (L. 4, C. de sponsal.). *b*) Patria potestas in liberos.

Proprià è contrario uxoris jura sunt : *a*) Participatio nominis, dignitatis et fori mariti (L. 13, de dignit.). *b*) Jus defensionem et alimenta exigendi secundum dotis quantitatem (L. 22, § 8, D. solut. matrim).

Ultimus effectus est quod maritus et uxor ab intestato invicem sibi succedant, quoties deficit omnis parentum, liberorumve, seu propinquorum legitima vel naturalis successio, fisco excluso (C. unde vir et uxor).

II. Quod *ad bona* conjugum attinet, antiquo jure romano, cum conveniret uxor in manum per confarreationem, vel coemptionem, vel usum, maritus uxorem recipiebat in communionem bonorum vel sacrorum, unde et ad hanc communionem respiciens Modestinus, nuptias, *consortium omnis vitæ, divini et humani juris communicationem*, dixit. Uxor in familiam viri transibat ejusque potestati subjiciebatur. Hinc maritus in uxorem habebat eadem jura, quæ pater in filiamfamilias; hinc uxor non magis propria habebat bona quam filiafamilias, omniaque acquirebat marito. Sed postea, cum nolentes mulieres in potestatem ac familiam virorum transire, nuptias simpliciter contraxerunt, conventio in manum mariti magis ac magis minuit, omninoque evanuit imperatorum jussu.

Jure autem novo bona uxoris duplicis sunt generis :

A. *Dotalia*, quæ uxor marito in dotem adfert, quorumque non solum administratio sed etiam dominium ei competit. Hinc marito facultas : *a*) fructus tam naturales quam civiles percipiendi; *b*) nummos in fenore ponendi; *c*) res dotales vindicandi; *d*) mobilia sed non immobilia alienandi, nisi fundus dotalis venditionis causa æstimatus, vel alienatio necessaria sit. Soluto tamen matrimonio nihil juris marito competit in dotalia, quæ uxori ejusve heredibus restituenda sunt.

B. *Parapherna*, quæ uxor præter dotem, quorumque usumfructum, administrationem et dominium habet, ita ut in ea maritus nihil juris possideat. Mulier vero dominium marito transferre potest. Vir etiam administrat parapherna, dummodo mulier id concedat, sed uxor rationes et restitutiones residui exigere potest. Quod ad hoc attinet, maritus patitur incommoda dolo facta, diligentiamque præstare debet; mulier vero hypothecam in res mariti habet (Const. 11, C. de pact. conv.).

III. Denique præcipuus effectus matrimonii hic est, quod liberi ex eo nati sint legitimi, patriæque potestati subjiciantur. Hinc *Pater est, quem justæ nuptiæ demonstrant* (L. 5, D. de in Jus. voc.).

Officium parentûm est, ut liberos, etiamsi non sint in potestate, alant, et vice mutua, liberorum, ut parentes alant. Supervacuum est hoc principium explicare : *Necare enim videtur is qui alimonia denegat* (L. 3, D. de agnosc. et alend. liber.).

Verbo alimentorum continentur, quæ esui potuique, cultuique corporis, quæque ad vivendum homini necessaria sunt (L. 43, D. de verb. signif.). Sed observandum est, parentem, quamvis ali a filio ratione naturali debeat, non eum cogere posse ad æs suum alienum exsolvendum (§ 16, L. 5, D. de agnos. et alend. liber.).

Carente patre, avus paternus, proavus, mater, ceterique parentes coguntur alimenta præstare (§ 2, *locc. citt.*).

Officium alimenta præstandi desinit : *a*) Si qui ali debet se exhibere vel ex artificio vivere potest; *b*) si moriatur; *c*) si eum qui tenetur alere deferat; *d*) si qui alere debet moriatur; ejus enim heredes ad ea præstanda non cogi possunt, exceptis heredibus filii, si in summam egestatem pater deductus est.

CAPUT III.

QUIBUS MODIS MATRIMONIUM SOLVITUR.

Solvitur matrimonium :

1° Morte alterutrius conjugis;

2° Maxima capitis diminutione, id est, amissione libertatis;

3° Media capitis diminutione id est, amissione civitatis;

4° Per divortium quod dicitur dissolutio solemnis matrimonii validi vivis conjugibus facta animo perpetuam constituendi dissensionem. Divortium fiebat utroque consentiente, vel altero invito. Plurimas in veteribus legibus invenimus causas divortii, Justinianus coarctavit eas ad numerum senarium in marito, quinarium in uxore (Nov. 117, C. 8 et 9).

DROIT ADMINISTRATIF.

De la juridiction du conseil d'État comme Cour de cassation.

A la tête de l'ordre judiciaire proprement dit, se trouve la Cour de cassation, chargée de ramener sans cesse les tribunaux de cet ordre à la saine application des lois, de créer et de maintenir l'uniformité de la jurisprudence.

A la tête de l'ordre judiciaire administratif se trouve le conseil d'État, chargé de ramener les fonctionnaires de cet ordre à l'observation des lois, lorsque par leurs actes ou leurs décisions ils les ont enfreintes. Mais les attributions du conseil d'État dans l'ordre judiciaire administratif, diffèrent de celles qui sont dévolues à la Cour de cassation dans l'ordre judiciaire proprement dit, en ce que celle-ci ne juge jamais comme tribunal d'appel, connaissant de fond des affaires, tandis que le conseil d'État exerce aussi des fonctions de juge d'appel, et statue même quelquefois comme juge de premier et de dernier ressort; toutefois quand il statue comme Cour de cassation administrative, il ne peut, pas plus que la Cour de cassation elle-même, s'occuper du fond des affaires qui lui sont dévolues.

Le conseil d'État, comme Cour de cassation administrative, connaît des recours exercés contre les actes et les jugements des autorités administratives, pour violation de formes, excès de pouvoir ou incompétence; ainsi que de ceux qui sont formés contre les arrêts de la Cour des comptes, aussi pour vices de formes, violation de la loi, incompétence ou excès de pouvoir.

Nous allons examiner successivement ces divers cas de recours.

1. *Du recours contre les actes administratifs pour violation des formes.*

Les fonctionnaires ou les corps qui peuvent rendre des décisions ayant un caractère contentieux dans l'ordre administratif sont : les ministres, les préfets, les conseils de préfecture, les conseils de révision pour le recrutement de l'armée, les jurys de révision de la garde nationale.

Il serait difficile d'indiquer des cas où la décision d'un ministre puisse être attaquée pour vices de formes, car aucune loi ni aucun règlement n'ont déterminé le mode de procéder devant les ministres. L'instruction de l'affaire s'y fait sur simples mémoires des parties et sur production des pièces, sans constitution d'avocat, ni aucune autre formalité, et nulle forme spéciale n'a été assignée à leurs décisions.

Si cependant l'on démontrait au conseil d'État que le ministre a statué sans avoir entendu ou au moins provoqué les observations des intéressés, il est permis de penser que sa décision devrait être annulée pour violation du droit de défense, car elle n'aurait été qu'un simulacre de jugement.

Quant aux préfets, ils statuent tantôt seuls, tantôt en conseil de préfecture ; mais aucune loi n'ayant non plus réglé la forme suivant laquelle ils doivent instruire et juger les affaires qui leur sont soumises, on ne peut davantage signaler les vices de formes pour lesquelles leurs décisions pourraient être annulées, à moins que ce ne soit encore pour violation du droit de défense, ou bien dans les cas où le préfet aurait statué seul sur une matière sur laquelle il ne pouvait statuer qu'en conseil de préfecture, auquel cas ce serait plutôt un excès de pouvoir qu'un vice de forme.

Les conseils de préfecture statuent comme juges de premier ressort, lorsqu'à l'occasion d'un acte administratif il s'élève soit entre deux particuliers, soit entre deux établissements publics, soit entre un particulier et l'administration, un débat qu'il s'agit de vider. Les décisions qu'ils rendent portent le nom d'*arrêtés*, et comme ces décisions ont la forme des jugements, il suit qu'ils peuvent être annulés pour certains vices de formes; par exemple, s'ils ont été délibérés par deux conseillers seulement, ou s'ils n'ont été ni portés sur le registre des délibérations, ni signés, ou s'ils n'ont pas été motivés.

Les conseils de révision, institués par la loi du 21 mars 1832 (art. 15) pour revoir les opérations du recrutement de l'armée et juger les réclamations auxquelles elles peuvent donner lieu, rendent des décisions définitives; mais elles pourraient, il nous semble, être attaquées devant le conseil d'État pour vices de formes, par exemple, si la composition de ces conseils avait été irrégulière, si leurs séances n'avaient pas été publiques ou si les intéressés n'avaient pas été entendus (art. 15 et 16 de la loi suscitée).

Enfin, les décisions des jurys de révision, institués pour la garde nationale par la loi du 22 mars 1831, ne sont également, aux termes de l'art. 26 de ladite loi, susceptibles d'aucun recours, mais au fond seulement; il est probable que si elles manquaient des conditions essentielles à toute décision, le recours au conseil d'État serait ouvert aux intéressés pour les faire annuler.

2. *Du recours contre les actes administratifs pour excès de pouvoir ou incompétence.*

Le conseil d'État a mission d'annuler les décisions des fonctionnaires ou des corps administratifs qui sont entachées du vice d'incompétence ou d'excès de pouvoir.

Ainsi, les ministres, n'étant que des juges d'exception, et devant respecter les droits acquis, ne peuvent, sans s'exposer à voir leurs décisions annulées par le conseil d'État, par exemple, statuer sur des questions de propriété, d'état, ou de titres qui sont du ressort des tribunaux ordinaires; annuler les jugements des juges de paix ou des tribunaux, les arrêtés rendus en matière contentieuse, les ordonnances royales; en un mot, aucun des arrêtés de toute autorité, dont un décret ou une ordonnance a soumis le recours, s'il y avait lieu, au conseil d'État, ni en suspendre, empêcher ou modifier en aucune manière l'exécution.

Les préfets n'étant que des administrateurs subordonnés, n'ont d'action et pouvoir que dans la circonscription de leur département, sans avoir haute juridiction administrative, ni juridiction civile, ni pouvoir de rien réformer, d'où il suit qu'ils exposeraient leurs actes à être annulés par le conseil d'État, s'ils excédaient leurs pouvoirs. ou statuaient incompétemment; par exemple, s'ils refusaient ou modifiaient l'exécution des ordonnances royales ou ministérielles, s'ils réformaient les jugements des tribunaux ou des juges de paix, ou entravaient l'exécution des arrêtés des conseils de préfecture.

Les conseils de préfecture n'ayant des attributions judiciaires que d'une nature exceptionnelle, qui ne s'étendent pas sur toutes les matières contentieuses de l'administration, ne pourraient, sans excéder leur compétence, statuer, par exemple, sur les questions incidentes non administratives qui s'élèvent devant eux, ou juger une question de propriété, en réprimant une anticipation commise sur un chemin vicinal. Ils dépasseraient également leurs pouvoirs, si, au lieu de se borner à autoriser les communes à plaider, ils jugeaient le fond du droit; s'ils statuaient au delà de la demande ou sur une chose non demandée. En pareils cas, le recours au conseil d'État serait admis.

Les conseils de révision pour le recrutement de l'armée, n'ayant pas qualité pour statuer sur les questions relatives à l'état ou aux droits civils des individus désignés par le sort pour faire partie du contingent de l'armée, ils commettraient un excès, s'ils statuaient sur de pareilles questions, et leurs décisions seraient susceptibles d'être annulées par le conseil d'État. Celles des jurys de révision de la garde nationale le seraient aussi pour la même cause, si ces jurys dépassaient les limites des attributions qui leur sont spécialement conférées par les art. 25 et 54 de la loi du 22 mars 1831.

3. *Du recours contre les arrêts de la Cour des comptes.*

La Cour des comptes, instituée par la loi du 16 septembre 1807, qui détermine en même temps la nature, l'étendue et les limites de ses fonctions, est une autorité établie pour procurer l'accord des dépenses de l'État avec les recettes, pour donner à la fois effet et garantie à la responsabilité des ministres, pour garantir par sa spécialité, par son indépendance, et, en général, par le système qui lui sert de base, la bonne gestion de la fortune publique dont elle règle tous les comptes.

Sa juridiction s'étend à toute la France; elle statue tantôt en première instance, tantôt comme Cour d'appel; mais soit qu'elle juge comme tribunal de premier et de dernier ressort, soit qu'elle statue comme tribunal d'appel, ses décisions sont susceptibles d'être annulées par le conseil d'État pour violation des formes ou de la loi (art. 17 de la loi suscitée), et aussi, bien que la loi ne le dise pas formellement, pour excès de pouvoir ou incompétence.

Il y aurait violation des formes, si, par exemple, les arrêts avaient été rendus par moins de cinq juges, ou s'ils n'avaient pas été signés par le président de la chambre qui les a rendus, et par le premier président de la Cour. Il y aurait violation de la loi, toutes les fois que les arrêts seraient rendus en opposition avec un texte précis de loi.

La Cour des comptes devant respecter la juridiction des tribunaux civils et criminels, elle serait incompétente pour réprimer les faux, les concessions et autres crimes qu'elle aurait découverts, et ne pourrait connaître des questions de Droit civil soulevées pendant le cours de ses opérations. Elle excéderait ses pouvoirs si dans un compte elle s'attribuait juridiction sur l'ordonnateur des dépenses (art. 18).

Et, dans tous ces cas et autres encore, les arrêtés de la Cour des comptes, comme tous les autres actes des fonctionnaires ou des corps administratifs qui ressortissent du conseil d'État, peuvent être déférés à cette juridiction, soit par les intéressés, particuliers, communes ou corporations, soit d'office par les ministres, chacun en ce qui concerne son département.

4. Des délais, formes et effets du recours devant le conseil d'État.

Quant aux effets du recours devant le conseil d'État et aux délais fixés pour l'exercer, ils diffèrent suivant les fonctionnaires ou les corps administratifs d'où émanent les actes ou jugements que l'on veut déférer au conseil d'État comme Cour de cassation administrative.

Ainsi les préfets n'ayant point, à proprement parler, de juridiction, ni, par conséquent, de forme régulière de procéder, il suit qu'il n'y a pas de délai pour attaquer leurs arrêtés, même pour excès de pouvoir ou incompétence.

Les décisions ministérielles en matière contentieuse, celle des conseils de préfecture, des conseils de révision pour le recrutement de l'armée ou des jurys de la garde nationale, ayant le caractère, la force et les effets du jugement, sont, comme ceux-ci, inattaquables de la part des tiers lorsqu'ils ont laissé expirer le délai du pourvoi qui est aussi de trois mois et ne court également qu'après due notification.

Enfin, quant aux formes à suivre pour le recours au conseil d'État, ce sont celles qui sont déterminées par le décret du 22 juillet 1806.

Il faut observer encore que le conseil d'État, après avoir annulé une décision pour violation des formes ou de la loi, pour excès de pouvoir ou incompétence, ne peut en retenir le fond pour le juger, mais doit le renvoyer à l'administration d'où il émane, pour y recevoir de nouveau tous les degrés d'examen et le jugement définitif prescrit par les lois.

FIN.

www.ingramcontent.com/pod-product-compliance
Ingram Content Group UK Ltd.
Pitfield, Milton Keynes, MK11 3LW, UK
UKHW020453230726
13925UKWH00005B/1898

9 782014 055054